C000170854

Weil eine Welt mit Geschichten eine
bessere Welt ist.

Wolfgang A. Schweighofer

Lebensspuren II

Life is a story

schreib's auf
story.one

1. Auflage 2021
© Wolfgang A. Schweighofer

Herstellung, Gestaltung und Konzeption:
Verlag story.one publishing - www.story.one
Eine Marke der Storylution GmbH

Alle Rechte vorbehalten, insbesondere das des öffentlichen Vortrags, der
Übertragung durch Rundfunk und Fernsehen sowie Übersetzung, auch einzelner
Teile. Kein Teil des Werkes darf in irgendeiner Form (durch Fotografie, Mikrofilm
oder andere Verfahren) ohne schriftliche Genehmigung des Copyright-Inhabers
reproduziert oder unter Verwendung elektronischer Systeme verarbeitet,
vervielfältigt oder verbreitet werden. Sämtliche Angaben in diesem Werk erfolgen
trotz sorgfältiger Bearbeitung ohne Gewähr. Eine Haftung der Autoren bzw.
Herausgeber und des Verlages ist ausgeschlossen.

Gesetzt aus Crimson Text und Lato.
© Fotos: Cover: unsplash.com, Innenseiten: W. A. Schweighofer

Printed in the European Union.

ISBN: 978-3-99087-890-3

Meiner einzigartigen Lektorin Mag.
Marion Mader, die mich immer aufs Neue
inspiriert.

INHALT

Vitamin B und seine möglichen Folgen

Mit Vitamin B ist nicht immer die gesunde Nahrungsaufnahme gemeint. Vitamin B steht auch als Synonym für die Job- oder Postenvergabe an befreundete Sympathieträger. Dabei spielt nicht nur ein großes Netzwerk an Kontakten eine wesentliche Rolle, sondern die persönliche Zuneigung zu der betreffenden Person. "Ich habe einen tollen Job für dich. Du bist die Idealbesetzung für diesen Posten. Es ist alles Notwendige bereits in die Bahnen geleitet. Willst du das machen?", so die Frage des Vorstandsvorsitzenden an seine persönliche Favoritin. "Ich weiß nicht, ob ich dafür prädestiniert bin, denn Thomas hat seiner Ausbildung nach die besseren Voraussetzungen", meint Sylvia achselzuckend. Doch der Vorsitzende gibt nicht nach: "Das ist doch kein Problem. Du hast genug Einarbeitungszeit und bekommst alles explizit erklärt. Es ist alles keine Hexerei. Außerdem bin ich ja auch da." Er klopft ihr jovial auf die Schulter und zwinkert ihr zu.

Es geht alles sehr schnell. Bereits eine Woche

später sitzt sie auf besagtem Posten. Der Vorstandsvorsitzende stellt Sylvia dem Team vor und streut ihr Vorschusslorbeeren. Doch bald schon bläst ihr rauer Gegenwind von einem Kollegen ins Gesicht. Er deckt auf, dass sie das Protektionskind des Teams ist und ist allenfalls bereit, diese Tatsache an die Presse weiterzuleiten. Ab diesem Augenblick beginnt für sie die Sache kompliziert zu werden. Sie wendet sich an den Vorstandsvorsitzenden, der vor dem Team ihre bisher geleistete Arbeit in höchsten Tönen lobt. Bei einem gemütlichen Abendessen, auf das der Vorsitzende sie einlädt, kommt er Sylvia näher. Diese fühlt sich geschmeichelt und lässt sich von ihm in dessen Penthouse-Wohnung verführen.

Bei der nächsten Sitzung provoziert sie ihr missgesinnter Kollege mit der Äußerung: "Na, hast du dich tatsächlich hochgeschlafen? Pass bloß auf, dass er dich nicht vernichtet!" Sylvia blickt ihn vernichtend an, schmollt, schwingt ihre Hüften und hebt aufreizend ihren Rock über das Knie. Tatsächlich kann es der Kollege nicht lassen und streift ihr mit der flachen Hand über den Oberschenkel. Sie reagiert sofort und knallt ihm eine schallende Ohrfeige ins Gesicht. Das Team läuft zusammen, als der Vorstandsvorsitzende den Raum betritt. Dieser suspendiert den

Kollegen und warnt sein Team eindringlich vor Machtmissbrauch. Am Ende der Sitzung macht er sein Verhältnis mit Sylvia öffentlich. Am Abend gesteht er seiner Frau den Seitensprung. Sylvia kündigt und verlässt sofort das Unternehmen.

Garten-Klima als Lebens-Elixier

Wer kann sich nach dem Winter, der Zeit der Kälte und der kurzen Tage dem Einzug des Frühlings verwehren? Niemand, denn sobald die Temperaturen steigen und den Frühling ankündigen und die ersten Pflanzen wie Schneeglöckchen und Frühlingsknotenblumen ihre Blüten durch den letzten Schnee strecken, ist das große Erwachen in der Natur gekommen. Die Gartenarbeit beginnt mit dem Anpflanzen von robusten Gemüsesorten und Kräutern wie Karotten, Bohnen, Zwiebeln, Radieschen, Petersilie und Schnittlauch. Um den Garten bald bunt erscheinen zu lassen, sind Primeln von Vorteil. Nach und nach beginnen sich auch viele Pflanzen selbst zu entfalten. Der Garteneingang bis zum Hauseingang ist beidseitig von hohen Grünpflanzen gesäumt. Vor dem Haus befindet sich das sonnige Zentrum des Gartens mit Rosen-Beet und einem kleinen Pavillon als Rückzugs- und Erholungsoase mit herrlich duftender Luft.

Im Sommer gedeihen die Erdbeeren und

Himbeeren ebenso wie die Tomaten und Gurken. Die Vielfalt soll im Garten oberste Priorität haben. Hier fühlen sich auch Tiere wohl. Insektenhotels und weitere Nistplätze, die durch altes Holz ermöglicht werden, schaffen eine Wohlfühlatmosphäre für die kleine Tier- und Pflanzenwelt im Garten. Der ganze Garten befindet sich in einem natürlichen Kreislauf. Spätestens wenn es im Gebüsch raschelt und plötzlich ein Igel sich auf den Weg zur Gartensitzgarnitur macht, um dort die zu Boden gefallenen Jausen-Speisereste zu vernaschen, weiß man, dass das Paradies im Garten nicht groß und herrschaftlich, sondern einfach und überschaubar zu sein braucht. Diese kleinen Dinge, die das Herz erfreuen, bedeuten am Glück des Lebens teilzuhaben. Die Frage, auf welche Weise sich Glück und Zufriedenheit einstellen, wird hier tatsächlich beantwortet. Voraussetzung dafür ist, dies erkennen zu können.

Als ich bei herrlichem Wetter beschloss, die Zeilen für meine Berichte im Garten zu verfassen, bekam ich einmal mehr Besuch. Meine Katze schmeichelte um den Tisch, schnurrte und blinzelte mich an. Schließlich sprang sie auf meinen Schoß. Und noch weiter. Sie erklomm meine Schulter und leckte mit ihrer rauen Zunge mein Ohr. Wie das kitzelte. Ich ließ sie kurz gewähren, hob sie dann aber weg auf den Sessel neben mich und legte sie dort auf eine Decke. Sie schnurrte und wälzte sich hin und her. Dann stand sie wieder auf und machte Anstalten, sich es wieder auf mir gemütlich zu machen. Über diese Ablenkung war ich zuerst etwas erbost, denn meine Arbeit sollte doch bald erledigt sein. Doch die Katze setzte ihren Dickkopf durch und schnell war ich der Überzeugung, dass mir ihre Anwesenheit doch eine willkommene Abwechslung ist. Nach einer halben Stunde fand ich meine Kreativität wieder und konnte meinen Bericht mit neuem Elan und hoch motiviert erfolgreich abschließen. Ein Elixier des Lebens.

Verheißungsvolle Sterne

Bekanntlich sind Damen eher geneigt, sich von Astrologen in die Sterne blicken zu lassen als Männer. Umso verwunderlicher war es für eine Astrologin, die sich in netter Runde vorstellte und eröffnete, dass sie den Anwesenden bei Bedarf gerne einmal ein Horoskop erstellen würde, als ein Mann sein Interesse an der Sterndeutung bekundete. Als Voraussetzung dafür brauche die Astrologin Geburtsdaten und Geburtsorte der Damen und auch des Herrn. „Mein Sternbild hat sich noch nie jemand angesehen, deshalb interessiert mich besonders, welche Konstellation die Sterne bei mir haben", so der Herr, der Mitte fünfzig ist.

Die Astrologin nahm die Daten auf und vereinbarte mit ihren Klienten, sich telefonisch bei ihnen mit ihren Ergebnissen der Sterndeutung zu melden. Der grauhaarige Herr gab an, dass er durch seine Mutter, die bezüglich vieler Dinge einen siebten Sinn entwickeln konnte, eine Affinität zum Thema besitze. Aus diesem Grund könne er sich einen besonderen Einfluss der Sterne auf den Lauf des Lebens vorstellen. Diese Anmerkung nahm die Astrologin interessiert auf und verabschiedete sich von der Runde.

Ein paar Tage später meldete sich die Sterndeuterin bei dem Mann und erkundigte sich über sein aktuelles Befinden. Ein paar freundliche Sätze wurden gewechselt, als sie zu ihren Erkenntnissen überleitete. „So eine Konstellation habe ich noch nie gesehen", begann die Astrologin und fuhr fort: „Du hast Skorpion, Steinbock, Fisch, Zwilling, Jungfrau und Waage in deinem Horoskop", analysierte sie und weiter: „Du hast damit viele positive Seiten, die überwiegen und die ich dir gerne mitteile." Sie begann aufzuzählen. Der Herr fühlte sich zuerst geschmeichelt und konnte sich am Ende nicht alle Attribute merken. Erst nach dem Telefongespräch versuchte er, die wichtigsten seiner Eigenschaften noch auf einen Zettel zu notieren: beständig, verlässlich, genau, ausdauernd, verfolgt sein Ziel, ist einfühlsam und mitfühlend sowie gerne in Gesellschaft, fiel ihm noch ein.

„Auch das Tiroler Zahlenrad habe ich bei dir angesehen. Es ist sensationell, denn du bist in allen Farben vertreten!", bewunderte die Astrologin den Herrn. Das Zahlenrad kann aufzeigen, welche Anlagen und Talente in der jeweiligen

Person schlummern und wie diese am besten zum Vorschein kommen oder in die richtigen Bahnen gelenkt werden. „Damit lernst du die Menschen deiner Umgebung besser kennen und verstehen. Bei dir ist alles außergewöhnlich. Du bist zum Beispiel in deinem Beruf sehr gut integriert und mit Freude dabei. Vor allem eines zeichnet dich aus: du kannst mit jedem, das heißt, du hast keine Berührungsängste!" Über so viel Positives konnte der Herr nur schmunzeln und sich höflich bedanken, glaubt und hofft er doch eher Positives als Negatives.

HUAWEI P30 lite
TRIPLE CAMERA

"Wer ist hier der Chef?"

Etwa ein Jahr war die Marie alt, als sie mit einer ganzen Reihe von Wörtern ihre Umwelt verblüffte. Sie verstand es, mit Wörtern und Ausdrücken um sich zu werfen, die sie zuvor aufgeschnappt hatte. Einige Worte entsprachen der Sprachlogik, andere entstanden aus ihren Möglichkeiten und Fähigkeiten, das Sprechen zu erlernen. Mama, Papa und Puppe gehörten zu den leichtesten Wörtern, die sie artikulierte und auch verstand. Nur wenig später wollte sie mit aller Kraft mit den Eltern und Erwachsenen kommunizieren. Man merkte, wie schwierig einige Ausdrücke für sie auszusprechen waren und wie anstrengend diese Versuche zum Teil waren. Dazu zählten Schnee („Nee"), Flieger („Liger), Nase („Nas"), Ball („Ba"), Banane („Nane") und Minnie Maus („Mimi"). Eine größere Hürde stellten für die Kleine Wörter wie Staubsauger („Baub") und Fahrrad („Adla") dar. Ihrem Alter entsprechend war die Kommunikation mit ihren Eltern und Großeltern noch begrenzt. Deshalb bediente sich die Kleine eines Tricks, um ihre Umgebung auf sich aufmerksam zu machen. Sie machte einfach den Laut „aaaaaaaa" und fuchtelte mit den Händen in der Luft herum. Marie tat einfach so, als würde sie dem Gespräch der Erwachsenen nicht nur zustimmen, sondern mit mehreren Lautmalereien auch daran aktiv teilnehmen. Es konnte nicht anders sein, als dass sie sich damit auch das nötige Gehör verschaffte. Damit waren alle im Raum spontan auf sie fokussiert. Regelmäßig band ihre Mama die blonden Haare von Marie zu einer sogenannten „Palme" auf dem Kopf zusammen. Das freute sie sehr, vor allem, als auch die Großeltern fanden, dass ihr dieses Zöpfchen sehr gut passt. Als ihre Mama eines Tages Stress mit dem Ankleiden ihrer Tochter hatte und meinte: „Du bringst mich auf die Palme!" griff sich Marie mit beiden Händen auf die Haare und schüttelte den Kopf. Die Anwesenden konnten sich vor Lachen - so auch Marie - kaum halten.

Aufgrund der stetigen Beschäftigung und der Gespräche mit Marie entwickelte sich das Sprachgefühl sehr gut und sie konnte im Alter von etwa zwei Jahren verständlich sprechen und Lieder singen. Das ging so weit, dass sie, als ihre Mama einen Lied-Text verwechselte, Marie meinte: „Das ist falsch! Das geht so!" Dann sang sie es richtig vor. Auch der Arzt war über diese Lernfähigkeit begeistert und meinte, Marie kann weit mehr als in diesem Alter üblich ist. Stets wissbegierig und nach Spielen hungrig, erlernte sie bis zum Alter von drei Jahren nicht nur selbstständig die Hände zu waschen und alleine ihre Speisen zu essen, sondern auch die vier Jahreszeiten, die Wochentage, die Kartenspiele „Uno" und „Schwarzer Peter" sowie Puzzle zusammenzusetzen. Dazu wollte sie selbst alleine Zähne putzen und sich anziehen. Dabei war oft ihr Opa anwesend. Papa musste ja in die Arbeit. Als eines Abends ihr Papa nach Hause kam und fragte, wer denn in diesem Hause der Chef sei, antwortete sie wie aus der Pistole geschossen: „Opa!"

Wetten und Match-Absprachen

Als Spielmanipulationen in der Fußball-Bundesliga und den höchsten Spielklassen diverser Sportarten bekannt wurden, war der Skandal perfekt. Ein Ex-Fußball-Profi wurde 2013 verhaftet, weil er mit weiteren Co-Manipulatoren ein Fußball-Bundesliga-Spiel manipuliert hatte. Dem Bundeskriminalamt wurde bekannt, dass nicht nur Spieler im Profibereich kontaktiert wurden, um über manipulierte Spiele Auszahlungen zu erhalten, sondern auch Fußballer der Unterliga. Die Tätigkeiten in den Wettbüros nahmen ihren Lauf. Einfach und schnell durch Wetten im Bereich des Sports finanzielle Gewinne zu lukrieren, schien zeitgemäß geworden zu sein.

So fielen eines Tages 100 Einzelwetten auf, bei denen die Spieler rund 4.000 Euro gesetzt hatten und daraus einen Gesamterlös von 24.000 Euro ausbezahlt erhielten. Das BKA kann immer wieder auf verschiedenen Wett-Plattformen dubiose und ominöse Wetteinsätze entdecken. Darüber hinaus wissen die Ermittler, dass nicht nur versucht wird Spieler zu bezahlen. Um die Spiele zu manipulieren, soll es auch unter Funktionären Absprachen geben, die immer häufiger werden, vor allem zu Zeiten, wenn der Aufstieg in eine höhere Liga bevorsteht. Dass zu so einem Zeitpunkt auch die Sponsorengelder fließen, ist obligat. Nicht alle Beteiligten schweigen zu dem Thema. Allerdings wollen sie natürlich anonym bleiben, wie ein Zeitungsredakteur recherchieren konnte.

Der Obmann eines Vereins forderte einen anderen Verein auf, das anstehende Match zu verlieren. Am Ende der Saison sollte der Verein mit einem 0:3 Rückstand die Partie praktisch abgeben. Als Angebot winkten dem Verlierer-Club neue Trikots, Trainingslager und noch mehr. Doch der besagte Verein lehnte das Angebot mit der Begründung, mit solchen Machenschaften nichts zu tun haben zu wollen, ab. Am Ende verlor der Verein das Spiel und wurde bis heute nicht Meister. Aber nicht nur materielle Präsente werden angeboten. Einige sind skrupellos und bieten eine Menge Geld für eine Manipulation zu ihren Gunsten an. Ein niederösterreichischer Verein soll vor mehreren Jahren einen fünfstelligen Betrag in die Hand genommen haben, um als Sieger in die nächste Liga aufsteigen zu können.

Dass diese Dynamiken nur schwer abzustellen sind, ist nachvollziehbar. Immerhin spielt neben den Fußballern im Match das Geld die größte Rolle. Viele Beobachter von Fußballspielen haben sich bereits abgewendet. Eingefleischte Fans schieben negative Meldungen über Fußball-Wetten beiseite und schreien sich am Fußballplatz die Stimme heiser, in der Hoffnung, ihren Lieblingsclub zum Sieg anspornen zu können. Wetten, dass das Spiel anders ausfällt und später Diskussionen über schwache Fußballer und eine schlechte Strategie des Trainers geschimpft wird?

"Der große Bruder" wird größer

Fast hätte es ausgesehen, als wäre „der große Bruder", den George Orwell 1948 in seinem Buch „1984" prophezeit hatte, eine Fiktion. In den achtziger Jahren wurden solche Gedanken mit einer abwertenden Handbewegung als Märchen oder bedrohliches Zukunftsszenario abgetan. Die politischen Entwicklungen der vergangenen Jahre jedoch belehrten die Menschheit eines Besseren. Noch zur Jahrtausendwende wurde diese Zukunftsvision als unrealistisch heruntergespielt. Doch nun scheinen sich die Zeiten zu ändern in Richtung der vom Schriftsteller beschriebenen totalitären Mächte. Seine Werke (neben „1984" auch „Farm der Tiere") sind aktueller denn je. Tatsächlich befinden wir uns mitten in einem Veränderungsprozess, der künftig die Zeitalter in vor und nach der Corona-Pandemie trennen soll. Der Umbruch, die Umwälzung, die Fake News, die Abschaffung des Bargelds, die Denunziation von Bürgern, der despotische Staat, der die Menschen unterjocht, sind im Gange, sichtbar und erlebbar geworden. In China sind das totalitäre Regime und die fast lückenlose Überwachung bereits von den Machthabern umgesetzt und stark verhaftet. Wobei es für diese bereits zuvor kommunistisch-diktatorische Staatsführung nicht schwierig war, diese weiteren Schritte der Entmündigung von Bürgern umzusetzen. Das Volk, weitgehend mit nur wenig Bildung ausgestattet, hatte keine Chance, sich dem System zu widersetzen. Zu nah und greifbar war für das Regime die auf Manipulation der Menschen ausgerichtete Staatsform und zu stark die Allmacht des Militärs und der Polizei.

Das wirkungsvolle literarische Werk von Orwell, das er als Analytiker und Kritiker des Sowjetsystems veröffentlichte, eröffnet stets neue Erkenntnisse. Ziel des Schriftstellers war die Freiheit und Gleichberechtigung der Menschen. Bereits heute findet der stetige Wandel der von Orwell bekämpften totalitären Mächte statt. Gerade autoritäre Regimes gewinnen an Zuspruch und ihre giftigen Speerspitzen dringen vermehrt in vormals als unumstößlich gefestigte Demokratien ein.

Umso wichtiger ist es, die Demokratie zu wahren, Freiheit und Gleichberechtigung der Menschen im Auge zu behalten und wenn nötig, dafür zu kämpfen. Die Lockdown-Phasen der Corona-Pandemie führen vor Augen, welche wechselhafte Wirkungen der Entzug der Freiheit in der Bevölkerung auslösen kann. Die Bandbreite reicht von Depressionen und Suiziden über Demonstrationen bis hin zu brutal verlaufenden Ausschreitungen. Die Demokratie gefährden zudem die Verbiegung der Sprache als manipulative Sub-Sprache und die zunehmende Zerstörung der Wahrheit – alle Begebenheiten gleichen einem Feldzug für eine neu interpretierte Wirklichkeit. Wie weit diese tatsächlich gedeihen wird und kann, will hier nicht zu denken gewagt werden.

Ball-Samstag mit Pannen

Die Ball-Zeit übt alljährlich seinen besonderen Reiz aus. Vorangekündigt werden die bunten Abende und Veranstaltungen durch Empfehlungen von Ballfanatikern und im Veranstaltungskalender der regionalen Zeitungen. Doch auf diese ist nicht immer Verlass. Die Veranstalter - meistens örtliche Vereine - geben manchmal ein Motto für die Maskerade vor, andere wiederum lassen sich überraschen von den kreativen Ideen der heiteren und bestens gelaunten Besucher. Dabei ist es für mich sehr spannend, wer sich hinter den Masken verbirgt. Öfters kommt es vor, dass die Maskierten einander nur an der Stimme erkennen oder wenn jemand kurz seine Maske lüftet. Es kommt auch vor, dass manche so nahe an mich herantanzen oder mir zuzwinkern, sodass ich ihre Identität entdecken kann. Lustige Begebenheiten und freche Sprüche machen das Ballgetümmel und den dazugehörenden Spaß aus.

Als eines Tages in der Zeitung ein Ball falsch angekündigt worden war - er wurde bereits eine Woche zuvor abgehalten - sah ich bereits vom Auto aus, dass der Veranstaltungssaal geschlossen hatte. Ich fuhr vorbei und wollte rückwärts wenden. Dabei passierte es. Ich bog zu früh von der mit Eis bedeckten Fahrbahn ab und gelangte mit dem rechten Hinterrad in einen kleinen Graben. Es ist 23.45 Uhr und ich stecke fest. Super! Ich lege eine Decke unter die Vorderräder, um mehr Bodenhaftung für die Reifen zu erhalten. Keine Chance. Langsam wird mir kalt. Es hat zehn Grad unter Null. "Jetzt nur keine Panik, überlege mal kurz", denke ich und sehe mich um. Vor mir befinden sich zwei Häuser. Beide kein Licht, eines mit geschlossener Garage und eines im Rohbau, in dessen Car-Board ein Jeep steht. Ich läute beim Rohbau. Eine Familie mit zwei Kindern öffnet. Der Mann erklärt sich bereit, mir mit dem Jeep zu helfen. „Dich kenn` ich doch, du bist doch der... na, der oft mit Foto in der Zeitung ist", meint er. „Ja, beschämend, jetzt werde ich auch noch erkannt", antworte ich. „Ist doch kein Problem. Ich wäre in dieser Lage ebenso froh, wenn mir jemand hilft", sagt er, während er das Abschleppseil einhängt, in den Jeep steigt und mein Auto aus dem kleinen Graben zieht. Ich bedanke mich herzlich, gebe ihm – da er nichts annehmen will – einen Geldschein für seine Kinder und fahre weiter, um am nächsten Ballabend im Nachbarort noch rechtzeitig zu erscheinen und mich dort aufzuwärmen, außerdem bei einem Bier den Schrecken in der eiskalten Nacht zu verdauen. In der allgemeinen Feierlaune wurde ich vom Spaß und der guten Laune mehrerer ausgelassener Ballgäste schnell angesteckt. Nach dem zweiten Bier brach ich nach Hause auf. Als ich den Abend Revue passieren ließ, musste ich über mich und mein Missgeschick lachen.

"Schoaf" und spe©ktakulär

Der erste Eindruck zählt. Das Aussehen spielt seit jeher eine wesentliche Rolle im Leben. „No bumm, is` dö schoaf!", drücken Männer sich aus, wenn sie ein aufreizendes Geschöpf erblicken. Während ein beträchtlicher Anteil von Menschen in Fitness-Studios ihre Körper „stählen", geht in Beauty-Studios der Trend dazu, immer mehr Körperstellen einem professionellen Styling zu unterziehen. Mit allerlei Methoden wird nicht nur den ausgeprägten Körperrundungen, sondern auch überschüssigen Härchen an Kopf, Armen, Beinen und sonstigen heiklen Stellen zu Leibe gerückt. Zudem wird gezupft, gefärbt, gebräunt und es werden das tatsächliche Alter verratende Merkmale übertüncht. Schon ein paar Kilos Übergewicht setzen vor allem den Damen zu, die sie in vorteilhafter Kleidung zu kaschieren wissen, angefangen von weiten Blusen bis zum längs gestreiften Top oder Pullover.

Die Themen Diät und Fasten sind einer breiten Bevölkerungsschicht geläufig und mehr oder weniger nicht wurst. Die Anzahl jener, die eine große Menge an Euros in die „Baustelle Körper" pumpen, wächst stetig an. Das Alter scheint dabei egal zu sein. Viele Mädchen legen sich bereits in jungen Jahren beim Schönheits-Chirurgen unters Messer und wollen den perfekten „Body". Die Kosten spielen dabei keine Rolle. Auch die Torturen, die sie dabei über sich ergehen lassen müssen, werden von ihnen tapfer und kommentarlos weggesteckt als wären die oft gravierenden Eingriffe eine Hochschaubahnfahrt. Diese Frauen nehmen viel in Kauf und erhoffen, dass ihnen am Ende – hauptsächlich von Männern – eine Welle der Sympathie und Zuneigung entgegenschlägt.

Erst viele Jahre später wird von den „Schönheiten" erkannt, dass sich Altern nicht stoppen lässt und die Schönheit einmal ihren Glanz verliert. Die Augen geöffnet werden den „Beautys" in dem Moment, wenn sie erkennen, dass viele Männer gar kein Schönheitsideal wollen und Mädchen mit ihren kleinen Schönheitsfehlern bevorzugen. Doch das Leben dreht sich weiter und alles wiederholt sich. Auch bei jener Dame, die es sich nicht nehmen ließ, sich bei ihrer Diät-Begleiterin zu beschweren: „Ich kann essen, was ich will und nehme einfach nicht ab." Diese war die einzige, die es scheinbar mit ihr ernst meinte, als sie ihr erklärte, dass sie nicht einfach essen könne, was sie wolle, um abzunehmen. Spätestens als die Expertin ihr eine Liste der kalorienarmen Lebensmittel überreicht, geht der Dame ein Licht auf und der Fauxpas ihres Denkens ist schnell geklärt. Tatsächlich hat sie jetzt schon drei Kilogramm ihres ursprünglichen „spe(c)ktakulären" Körpergewichts verloren und lugt zum Vergleich verstohlen auf ihre Sitznachbarin im Bus.

Deutsch: Urin-stinkt oder Ur-instinkt?

Die deutsche Sprache ist eine schöne Sprache und äußerst vielfältig. Es ist möglich, endlos lang erscheinende Wörter zu konstruieren und Sätze zu bilden, die als sogenannte „Schachtelsätze" verpönt sind. Dass eine große Menge Wörter zwei- oder mehrfache Bedeutung haben und in vielen Fällen eine Kleinigkeit bei der Zeichensetzung oder auch bei der Klein- und Großschreibung ausreicht, um für größtmögliche Verwirrung zu sorgen, stellt für Deutsch-Lehrende und Lernende oft eine große Bürde dar. Es gibt zahlreiche Beispiele dafür, dass Deutsch ziemlich widersprüchlich sein kann:

Der Junge sieht dir ungeheuer ähnlich – Der Junge sieht dir Ungeheuer ähnlich//////------- Wäre er doch nur Dichter! – Wäre er doch nur dichter!

Der Weizen und das Korn – Das Weizen und der Korn ////----- Komm, wir essen, Opa - Komm, wir essen Opa

Du hast den schönsten Hintern weit und breit
– Du hast den schönsten Hintern, weit und breit.

Vor dem Fenster sah sie den geliebten Rasen -
Vor dem Fenster sah sie den Geliebten rasen

Er hat in Berlin liebe Genossen - Er hat in
Berlin Liebe genossen

Warme Speisen im Keller - Warme speisen
im Keller

Warum sind füllige Frauen gut zu Vögeln? -
Warum sind füllige Frauen gut zu vögeln?

Der Lehrer sagt, der Schüler ist doof - Der
Lehrer, sagt der Schüler, ist doof.

Zu ungeliebten „Wortschöpfungen" zählen:

Grundstücksverkehrsgenehmigungszustän-
digkeitsübertragungsverordnung

Rindfleischetikettierungsüberwachungsaufga-
benübertragungsgesetz

Donaudampfschifffahrtsgesellschaftskapitän

Ungünstige Silbentrennungen sind:

Einkauf-stempel - Einkaufs-tempel, Ei-stempel - Eis-tempel, Müller-zeugung - Müll-erzeugung, Urin-stinkt - Ur-instinkt, Wachs-tube - Wach-stube oder Zuck-erguss - Zucker-guss.

Bei einem Leiter einer Wachstube war es tatsächlich so, dass er in der Wachs-tube jene nicht finden konnte, die sein Vorgesetzter aber in der Wach-stube vermutete. Deshalb meinte dieser, er solle seinen Ur-instinkt einschalten. Doch der Untergebene pflichtete ihm bei: „Urin-stinkt". Somit war bald klar, dass nicht nur „Zugereiste" in Deutsch ihre Probleme hatten, sondern sogar die Einheimischen. Oft bedingt durch den undeutlichen Sprachduktus des Dialekts, der nicht nur in den jeweiligen Bundesländern, sondern noch schlimmer – innerhalb von Regionen – mit eigenen Ausdrücken und eigener Aussprache variiert. Zuletzt wurde in der Corona-Pandemie um die Osterzeit der Begriff "Ost-erweiterung" und "Oster-weiterung" erwähnt. Die Diskussion, ob eine Verlängerung des Lockdowns auch nach Ostern Sinn mache, wurde im Osten des Landes bestätigt. Somit ist nur allzu verständlich, wenn es allgemein heißt: "Deutsche Sprache, schwere Sprache!" Und: der „Ur-instinkt" kann nichts dafür!

Hl. Koloman
bitte für uns!

Hl. KOLOMAN, bitte für uns!

Gewohnheiten der Kirchgänger

Viele Gläubige haben sich bei ihren regelmäßigen Kirchgängen eigene Gepflogenheiten angeeignet. Die meisten Kirchenbesucher nehmen auf den Bänken Platz. Früher waren die Richtlinien strenger und daher die linken Bankreihen den Damen und die rechten den Männern vorbehalten. Später wurde diese vom Klerus bestimmte Hierarchie zwischen Männern und Frauen aufgehoben. Erwachsene und Kinder der heutigen Generation nehmen jene Plätze ein, auf denen die gesamte Familie miteinander andächtig sein kann. Gerade in den vorderen Bänken herrscht vermehrt Disziplin, weil sich die Betenden näher im Blickfeld des Pfarrers befinden und eine etwaige geistige Abwesenheit beim Beten leichter auffallen würde.

Besonders interessant zu beobachten waren aber stets jene Gottesdienstbesucher, die sich einen Stehplatz im hinteren Teil der Kirche suchten. Während sich ein kleinwüchsiger Mann bei der Predigt und den Gebeten zu Gott abwechselnd auf die Zehenspitzen stellte, begab sich ein anderer Gläubiger hinter ihm auf die dritte Stufe des Aufgangs zur Empore, um im Gegensatz zum vor ihm Stehenden einen noch besseren Überblick auf die feierliche Zeremonie zu haben. Unter jenen, die sich auf die Stufe stellten, um vielleicht Gott noch etwas näher zu sein als das „Fußvolk", gehörte auch der "Kirchenstiegen-Franzei", ein etwas älterer gläubiger Herr, der zur Gruppe der regelmäßigen und tiefgläubigen Andächtigen mit gleichzeitig ausgeprägter Beobachtungsgabe gehörte. Es entging ihm praktisch nichts – seinen Erzählungen nach.

Störend wirkten hingegen für manche jene Besucher, die stets zu spät zum Gottesdienst kamen und sich deshalb schnell neben der Kirchentür platzierten. Drei Freunde machten es sich zur Gewohnheit, nach der Wandlung, aber auf jeden Fall noch vor dem Schlussgebet, die Kirche Richtung Gasthaus zu verlassen. Schließlich gehörte die oft eindringliche Predigt des Pfarrers auch noch mit Bier begossen, wie auch immer. Zu den Gewohnheiten der Kirchgänger zählten zudem das Anlehnen an Säulen, das Spielen mit den Fingern, sich ständig zu räuspern und das Runterfallen von verschiedensten Utensilien aufgrund von Unkonzentriertheit. Dass der Pfarrer diese Unsitten bei einer Abendmesse mit hochrotem Kopf den anwesenden Gläubigen lautstark unterbreitete, war bald Ortsgespräch. Der Grund für seinen Unmut lag an einem feuchtfröhlichen Fest mit der Liedertafel, das der Pfarrer als genialer Bass-Sänger bis zum Abwinken mitgefeiert hatte. Eine Besserung der Kirchensituation war zumindest eine gewisse Zeit lang zu verzeichnen.

Beständige
Freunderlwirtschaft

Freunderlwirtschaft hat es in Österreich immer gegeben. Es wird nicht gerne gehört, doch die Mächtigen in diesem Land nehmen öfter die Möglichkeit dieser Tatsache wahr. Man kennt sich, wenn auch oft über "drei Ecken". Und dann wird geredet und sucht sich seinesgleichen – nicht unbedingt einer Partei, aber sich einander zugehörig fühlende Zeitgenossen. Die Privilegien in Anspruch zu nehmen spielt mit, wenn sich diese die Protagonisten gegenseitig zuschanzen. Wie jener in führender Position Befindliche meint: „Wer hat nicht gerne Freunde und nahe Bekannte um sich versammelt, nicht nur, wenn es ums Feiern geht. Wer Macht hat, will auch im Beruf jene Personen um sich scharen, denen er vertraut", gesteht er spontan. Dieses Prinzip hat sich gerade in der Politik durchgesetzt und hat sich seit Jahrzehnten bewährt – ob in positiver oder negativer Art und Weise sei dahingestellt. Manche wollten eben gleicher sein als die anderen. Macht korrumpiert, denn da oben spürt man nur noch wenig Widerstand. Dadurch wächst auch die Versuchung, gewisse Verhältnisse auszuloten und bei Bedarf auch auszunützen. Spätestens damit wird die Korruption vor allem in der Politik zum Problem. Entscheidungen und Handlungen, die an die Öffentlichkeit gelangen und in den Menschen das Gefühl der Ungerechtigkeit hervorrufen, münden im Volkszorn. Für das, was dann passieren kann, gibt es genügend Beispiele: von Demos über Auseinandersetzungen bis zur Straßenschlacht.

Es wäre nicht unser Land, wenn sich die Freunderlwirtschaft von oben nicht über die Lokalpolitik bis zu Unternehmen in die kleinsten Kreise fortsetzen würde. Damit ist eines klar: der Mensch sucht sich immer ein Hintertürchen. Niemand will sich mit Gesetzen oder Vorschriften herumschlagen. Zumindest wird von vielen versucht, diese nach Möglichkeit zu umgehen. Jeder hofft, das Beste aus der Situation für sich herausholen zu können, um im heikelsten Fall bei Strafe ebendieser zu entgehen. – Sei es durch Becircen der jeweiligen Machtperson oder im äußersten Fall durch finanzielle Bestechung. Vielen ist dabei bewusst, sich am Rande der Legalität zu bewegen. Dabei schützt Unwissenheit, die meist ohnehin nur vorgegeben wird, nicht vor Strafe. Andererseits braucht niemand in unseren Breiten

Angst zu haben, gleich in das Gefängnis gesperrt zu werden. Dennoch soll die jüngere Generation mit einem guten Gerechtigkeitssinn ausgestattet sein. Allerdings ist der menschlichen Psyche doch das Hemd näher als der Rock. Das heißt bedauernswerterweise immer noch, dass es auch in Zukunft Menschen geben wird, die sich unverfroren mehr herausnehmen, als ihnen tatsächlich zusteht. Das ist aber nur solange möglich, wie sich die anderen kommentarlos unterordnen. C`est la vie!

Der Gautschbrief

„Packt an, Wolf Held!", lauteten die Worte des Gautschmeisters. Das war der Auftrag für die Packer, den Lehrling zu ergreifen, um ihn anschließend von den „Lehrlingssünden" zu erlösen. Buchdrucker und Schriftsetzer, die ihre Lehre abgeschlossen hatten und den Gesellenbrief in Händen hielten, wurden als Gesellen erst anerkannt, nachdem diese „gegautscht" waren.

Bereits im 16. Jahrhundert wurde das Gautschen zur Freisprechung der Lehrlinge durchgeführt. Der Name stammt aus der Papiererzeugung. Bei der Herstellung von handgeschöpftem Büttenpapier wurde der nasse Bogen nach dem Schöpfvorgang und dem Ablaufen des Wassers vom Sieb auf Filz durch leichten Druck abgelegt, das heißt gegautscht. Die Bögen wurden in der Gautschpresse entwässert und zum Trocknen aufgehängt. Früher wurde das Papier vor dem Druck befeuchtet, um ein besseres qualitatives Ergebnis zu erhalten.

Das „Gautschen" wurde regelmäßig im Rahmen einer Freisprechungszeremonie zelebriert.

Damit es spannend bis zum Schluss bleibt, erlaubten sich die Gesellen mit den Lehrlingen bereits vorher ihren Spaß. So führten einige das „Probe-Gautschen" ein. Zwei packten den jungen „Neo-Gesellen" an Schulter und Bein, während ein dritter mit einem nassen Schwamm bei einem Sessel wartete. Meistens wurde dies nur angedeutet, um ihm einen Schrecken einzujagen. Manchmal passierte tatsächlich, dass der „Gäutschling" nass wurde und – zur Belustigung aller Anwesenden – seine nasse Hose wechseln musste.

Am Tag der offiziellen Gautsch-Feier ergriffen die Packer den Lehrling und führten ihn zu einer Bütte mit Wasser. Nach der Begrüßung „Gott grüß` die Buchdruckerkunst" und einer kurzen Ansprache forderte der Gautschmeister – im Regelfall der Lehrherr – seine Packer auf, bei Lehrling W. tätig zu werden. Der Genannte versuchte zu flüchten. Doch keine Chance, er wurde zum Schwammhalter geführt. Der Ausbildner fungierte als „Anführg`span" und Zeuge. In der Folge wurde der „Gäutschling" mit dem Schwamm „getauft", von den Packern ins Wasser geworfen und untergetaucht. Nach dem Auftauchen wartete der Gautschmeister mit dem Ehrentrunk – meistens Bier. Im Anschluss an das Ritual wurde das Gelände im Festzug verlassen. Den Gäutschlingen wurde Gelegenheit gegeben, sich umzuziehen, frisch zu machen und das Zunftzeugnis mit Siegel und Unterschriften feierlich entgegenzunehmen. Dieser positive Abschluss war früher sehr wichtig und Voraussetzung eines Dienstverhältnisses. Die Gautschfeier verlief feuchtfröhlich. Der gesellschaftliche Aufstieg des Lehrlings zum Gesellen wurde im Zuge des Fests durch das „Du" gegenüber Chef und Ausbildner unterstrichen.

Kein Kraut gegen Dummheit

Der Wunsch nach Gesundheit und Wohlbefinden sowie Heilung durch die Kraft der Natur zu erlangen, ist seit Beginn der Menschheit verankert. Pflanzen wurden nicht nur als Nahrung verwendet, sondern auch um Schmerzen zu lindern, Wunden zu heilen und Krankheiten zu behandeln. Die uralten Erkenntnisse rund um die Heilpflanzen wurden durch die Verabreichung von Medikamenten zum Teil ersetzt, aber doch nie vergessen. Überlieferte und erprobte Anwendungen aus mehreren Jahrhunderten erahren eine Renaissance. Findige Gesundheitsapostel entdecken heute die Kraft der Natur neu und empfehlen unter anderen Kräuter nach Rezepten des berühmten Arztes, Naturphilosophen, Alchemisten und Mystikers Theophrastus Paracelsus (1493 – 1541).

Stimmungsaufhellend, entschlackend, beruhigend können Tees wirken in allen erdenklichen Kräuter- und Früchtemischungen. Die verschiedenen Kompositionen regen Körper, Geist und Seele an und lösen Emotionen aus, die das Wohlbefinden steigern.

Als G. mit seiner regelmäßig in der kalten Jahreszeit auftretenden fiebrige Erkältung zu kämpfen hatte, nahm er die Empfehlung, Kamillentee, Salbei und andere Kräuter einzunehmen, nicht ernst. Er bevorzugte, die vom Arzt verordneten Medikamente, um rascher wieder seine Arbeit verrichten zu können. Auf die Naturheilmittel verzichtete er, weil er meinte, der Gesundungsprozess dauere dabei viel zu lang. Im Folgejahr meldete er sich zur Grippeimpfung. Als sich wieder seine jährliche Erkältung einstellte, fühlte er sich kraftlos, müde und kaum imstande, etwas zu tun. Dieser Zustand dauerte trotz Einnahme von Medikamenten fast einen Monat lang an – natürlich ohne sich in den Krankenstand zu begeben.

In dieser Zeit traf G. auf einen Heilpraktiker, der ihm viele Ratschläge über die Kraft der Kräuter erteilte. Tipps gab er ihm vor allem für die Verwendung von Küchenkräutern, auch für das Würzen von Speisen. Doch er bat G., Geduld und Logik walten zu lassen. Dazu erklärte der Heilpraktiker, dass Kenntnisse über die Wirkstoffe von Arzneimitteln und ihre Anwendung von Vorteil wären. Jede Substanz hätte eine spezielle Bedeutung, die sich günstig, aber auch schädlich auswirken könne. Auch auf die Tradition des Räucherns, das besondere Zwecke erfülle, wies der Heilpraktiker hin. Dabei werden Aromen der Pflanzen verbreitet, die zur Desinfektion und Reinigung, aber auch zur Inspiration und Belebung der Sinne dienen sollen. Alles in allem eine besondere Kraft aus der Natur, wenn man Kräuterkunde auch richtig anzuwenden versteht. „Denn gegen alles ist ein Kraut gewachsen, nur gegen Dummheit nicht", zitierte der Heilpraktiker die bekannte Weisheit.

...abei trinken
...as Bier in die
...nd seit Jahrtause...
...d zwar aus
...ultureller
Verantwortung

G. POLT

... ..."UND ÄKTSCH'N" · UNTERSTÜTZT VON STIEGL ...

Bier trinken aus kultureller Verantwortung

Bereits der griechische Philosoph Plutarch von Chaironeia (45-120) soll den Gerstensaft sehr geschätzt haben. "Bier ist unter den Getränken das Nützlichste und unter den Arzneien die Schmackhafteste", soll er gesagt haben. Dem Reinheitsgebot von 1516 entsprechend wird Bier auch heute noch mit denselben Inhaltsstoffen Hopfen, Malz, Wasser und Hefe gebraut. Aus gesundheitlicher Sicht enthält Hopfen ein Harz mit wertvollen Bitterstoffen, die dem Bier Würze verleihen und bei Appetitlosigkeit, Magenschwäche und Unruhezuständen hilfreich sind. Hopfen wirkt beruhigend. Weitere gesunde Inhaltsstoffe im Bier sind alle B-Vitamine (B2, B3, B5, B6, Biotin, Folsäure), die für den Stoffwechsel sehr wichtig sind sowie Antioxidantien, Phosphorsäure, Kalium und Magnesium enthalten.

Der gesundheitliche Aspekt wird gerade von den notorischen Biertrinkern bis ins Nirwana verteidigt. Bier - in Maßen genossen (nicht zu verwechseln in Massen) - wird tatsächlich nicht nur wegen seiner beruhigenden Wirkung, sondern auch seit jeher als Volksgetränk genossen wird. Bis es die Wertschätzung von heute erhielt, dauerte es aber viele Jahre. Denn früher war das Bier nicht salonfähig. In elitären Kreisen wurden Wein, Sekt und natürlich Champagner bevorzugt. Heute ist es obligat, Bier bei Vernissagen und Eröffnungen anderer Veranstaltungen zu kredenzen. Ganz en vogue ist, sich mit dem kleinen Bier aus dem Fläschchen - mittlerweile auch mit Drehverschluss sofort trinkbereit - zuzuprosten.

Die berauschende Wirkung von Bier ist nicht abzustreiten und viele pflegen den Konsum des Hopfengetränks bis an die Grenze des Erträglichen. Der alkoholarmen Variante, die eine Brauerei als "Freibier" bezeichnet, kann der überzeugte und regelmäßige Biertrinker absolut nichts abgewinnen. "Ein Freibier ist für mich außerdem eine Halbe, für die ich nichts bezahlen muss!", meint einer dieser Biertrinker. Ob das sogenannte "Freibier" - wie oft behauptet - das beste Bier ist, sei dahingestellt.

"Ich kläre nicht auf. Ich trinke Bier", so der bayrische Kabarettist Gerhard Polt und weiter: "In Bayern trinken wir das Bier seit Jahrtausen-

den, und zwar aus kultureller Verantwortung
heraus." Wie sich herausgestellt hat, stehen dem
Wahrheitsgehalt dieser Aussage auch die Salzbur-
ger und Oberösterreicher um nichts nach. Dem
Bierkonsum nach zu urteilen, sind sie sich dieser
hohen Verantwortung tatsächlich bewusst. Dem-
nach haben sich Lebensweisheiten und Sprüche
wie "Hopfen und Malz, Gott erhalt`s!", "Ein rei-
ner, frischer Gerstensaft, gibt Herzensmut und
Muskelkraft!", aber auch deftigere Versionen wie
"Dummheit frisst, Intelligenz säuft!" manifestiert.
Auch Lieder wie "Bier her, Bier her oder ich fall
um, juchhe!", "Es gibt kein Bier auf Hawaii", "Im
Himmel gibt`s kein Bier, drum trinken wir es
hier!" und "Geb`n Se dem Mann am Klavier
noch en Bier, noch en Bier" wurden zu Hymnen
für den Hopfensaft.

"Likes" als Kommunikationsbarometer

Facebook-Postings werden nach ihren „Likes"
gemessen. Wie viele Likes auf den letzten Kom-
mentar von ihren „Freunden" eingegangen sind,
können die meisten „Facebook-User" spontan
beantworten. Die Freude ist besonders groß, je
mehr dieser Art der Anerkennung auf Meinun-
gen zu gewissen Themen gepostet wird. Das er-
zeugt sofort eine Solidarität füreinander und
führt oft zu einem gemeinschaftlichen Denken.
In weiterer Folge entsteht dadurch eine Grup-
pendynamik. Schnelle Informationen erzeugen
ebenso schnelle Reaktionen. Viele der „Influencer" lassen sich zu Kommentaren hinreißen, die
aus einer Emotion heraus schnell geschrieben
werden, aber sich im Nachhinein als „doch nicht
zur Veröffentlichung gedacht" herausstellen können. Das Bedürfnis von Gleichgesinnten, beliebt
bei anderen zu sein und sich in deren Akzeptanz
und Wertschätzung zu sonnen, ist größer, als
bisher angenommen. „Selfies" haben in den vergangenen Jahren die Plattformen überschwemmt
und nicht nur aus diesem Grund wurden positive

Gedanken und Bewunderung von allen Seiten für ebendiese vielgeschätzte Aufmerksamkeit zuteil. Es geht – wie bei vielen Dingen des Lebens – auch um wirtschaftliche Vorteile und Geld. Viele Instagram-Nutzer kaufen sich mittlerweile ihre Fans, um mit diesen sogenannten „Followers" ihr Geld zu verdienen. Und das funktioniert in dieser Branche nicht schlecht. Für über 100.000 Followers gibt es bis zu 20.000 Euro brutto pro Monat zu lukrieren. Zu erwerben sind tausend Fans um 9,99 Euro. Die falschen Likes werden von Unternehmern, Prominenten, aber auch von B- und C-Promis eingesetzt. Daraus entwickelte sich ein Geschäft, das hohe Umsätze bringt. Von wem sie diese Likes erhalten, ist nicht maßgeblich. Entscheidend für den Verdienst ist nur die Anzahl. Ob echte Likes oder falsche Kommentare aus Scheinprofilen ist zum Teil schwierig zu unterscheiden.

Unternehmen haben diesen Schwindel bereits durchschaut. Sie wollen Informationen darüber, woher die Likes stammen und vor allem, ob diese bei ihrer tatsächlichen Zielgruppe ankommen. Nur jene von echten Influencern zählen und bringen auch bare Münze. Ob ein Account echt ist oder nicht, ist auch an der Häufigkeit der Postings erkennbar. Scheinprofile haben ihren Ursprung in südlichen Ländern wie Indien. Einfach zu überprüfen, ob echt oder nicht, sind die Profile nur durch einzelnes Anklicken. Bei Tausenden von sogenannten „Freunden" oder „Fans" oder „Abonnenten" wird die Unterscheidung natürlich schwierig. Mittlerweile gibt es Influencer mit millionenfachen Likes. Ein Idealfall oder doch wieder nur Fake? Wir müssen lernen, solche Nachrichten aus dubiosen Kreisen als wertlose Informationen zu erkennen. Und das in einer Geschwindigkeit, die mit den Likes und Kommentaren dieser Leute Schritt hält.

Durstlöscher.

Uhudler und Schilcher zum Vergessen?

Der „Uhudler" ist aus der burgenländischen Weinkultur nicht wegzudenken. Bereits im Spätmittelalter war das Südburgenland stark vom Weinbau geprägt und erreichte in den 20er Jahren des 19. Jahrhunderts seinen Höhepunkt. Die Grundbesitzer waren hauptsächlich Weinbauern. Ab 1885 kam mit der Reblaus der Niedergang und 1896 wurden die Weingärten des Südburgenlands als ertragsunfähig bezeichnet. Die Weinbauern setzten damals auf amerikanische Unterlagsreben und pflanzten zusätzlich zu den Edelweinen auch Direktträgersorten. Vorteil war, dass diese Sorten wenig Pflege benötigten. Das Weingesetz von 1936 verbot die Auspflanzung von Direktträgern im Zuge der Maßnahmen zur Regulierung des Überschusses. Bis 1946 mussten alle Weingärten mit Direktträgern gerodet werden. Das völlige Verschwinden dieser Weinsorte gab es jedoch nicht. Ein neues Gesetz hielt 1961 fest, dass Direktträgerweine durch ihren hohen Anteil an Methanol giftig seien. 1985 erfolgte das Verbot, aus diesen Traubensorten

Wein als Haustrunk herzustellen. Proteste im Südburgenland führten 1992 zur Legalisierung des Direktträgerweins. Der Name „Uhudler" darf nur in den 24 Mitgliedsgemeinden geführt werden.

Als ich im jungen Erwachsenenalter die Bekanntschaft mit Südburgenländern machte, wollten diese natürlich unbedingt ihr Landesgetränk "an den Mann bringen" – nicht ohne den Hinweis hinzuzufügen: „von diesem Wein wird man blöd". Natürlich kam die Frage auf, welche Substanzen das "Gesöff" beinhalte. „Das ist ein Geheimnis", war die Antwort und sie erzählten dazu unheimliche Geschichten von den „Uhudler-Trinkern". Als ich den Wein kostete, verzog ich das Gesicht. „Na Burschi, davon musst mehr trinken. Nach ein paar Gläsern wird er dir schon schmecken!", meinte einer. Das war mir endgültig zu viel und ich wechselte auf ein Vierterl Zweigelt. Damit fühlte ich mich vorerst wohler. Nach geraumer Zeit hatte ich mit dieser Sorte eine Wahrnehmung mit beachtlicher Schwankungsbreite erreicht. Nach ausreichend Schlaf konnte der nächste Tag „normal" fortgesetzt werden.

Einige Jahre später lernte ich den Wein kennen, der aus der Traubensorte „Blauer Wildbacher" hergestellt wird und als regionale Eigenheit der Weststeiermark gehandelt wird. Der älteste urkundliche Nachweis stammt aus dem 16. Jahrhundert. Weine mit hellrötlich schimmernder Farbe wurden als „Schiller" oder „Schilcher" bezeichnet. Das Bukett wird als „feinzartes, einzigartiges, an Sauerampfer oder Brennessel erinnerndes Fruchtbukett" beschrieben. Die Region wird als „Schilcherland" vermarktet.

Eines Abends traf ich auf den großen Entertainer und Sänger Peter Kraus, der mit seiner Gattin Ingrid bei ihrem Weinbauern gemütlich ein Gläschen dieses Rebensaftes verkostete. „Stimmt es, dass dieser Wein blöd macht?", fragte sie ihren Mann. „Nein,", lächelte Kraus, „bei dieser kleinen Menge brauchst du keine Angst zu haben!", beruhigte er sie.

Wolfgang A. Schweighofer

Sprache und Musik zählen schon seit frühester Jugend zu
meinen Leidenschaften. Als Journalist und Fotograf ist es
mir ein Anliegen, Geschichten und Erlebtes mit anderen zu
teilen. Wenn es die Zeit zulässt, lasse ich bisher Unveröf-
fentlichtes aus der ergiebigen Quelle in meine Feder fließen...

Alle Storys von Wolfgang A. Schweighofer zu
finden auf www.story.one

schreib's auf
story.one

Viele Menschen haben einen großen Traum: zumindest einmal in ihrem Leben ein Buch zu veröffentlichen. Bisher konnten sich nur wenige Auserwählte diesen Traum erfüllen. Gerade einmal 1 Million publizierte Autoren gibt es derzeit auf der Welt - das sind 0,013% der Weltbevölkerung.

Wie publiziert man ein eigenes story.one Buch?

Alles, was benötigt wird, ist ein (kostenloser) Account auf story.one. Ein Buch besteht aus zumindest 15 Geschichten, die auf story.one veröffentlicht werden. Diese lassen sich anschließend mit ein paar Mausklicks zu einem Buch anordnen, das sodann bestellt werden kann. Jedes Buch erhält eine individuelle ISBN, über die es weltweit bestellbar ist.

Auch in dir steckt ein Buch.

Lass es uns gemeinsam rausholen. Jede lange Reise beginnt mit dem ersten Schritt - und jedes Buch mit der ersten Story.

#livetotell

Lightning Source UK Ltd.
Milton Keynes UK
UKHW051044260521
384163UK00020B/412